Impressum
Verlag: BABADADA GmbH, Nedderfeld 112 , 22529 Hamburg
Geschäftsführer / Verlagsleitung: Harald Hof
Druck: Books on Demand GmbH, In de Tarpen 42, 22848 Norderstedt

Imprint
Publisher: BABADADA GmbH, Nedderfeld 112 , 22529 Hamburg, Germany
Managing Director / Publishing direction: Harald Hof
Print: Books on Demand GmbH, In de Tarpen 42, 22848 Norderstedt

el colegio
skole

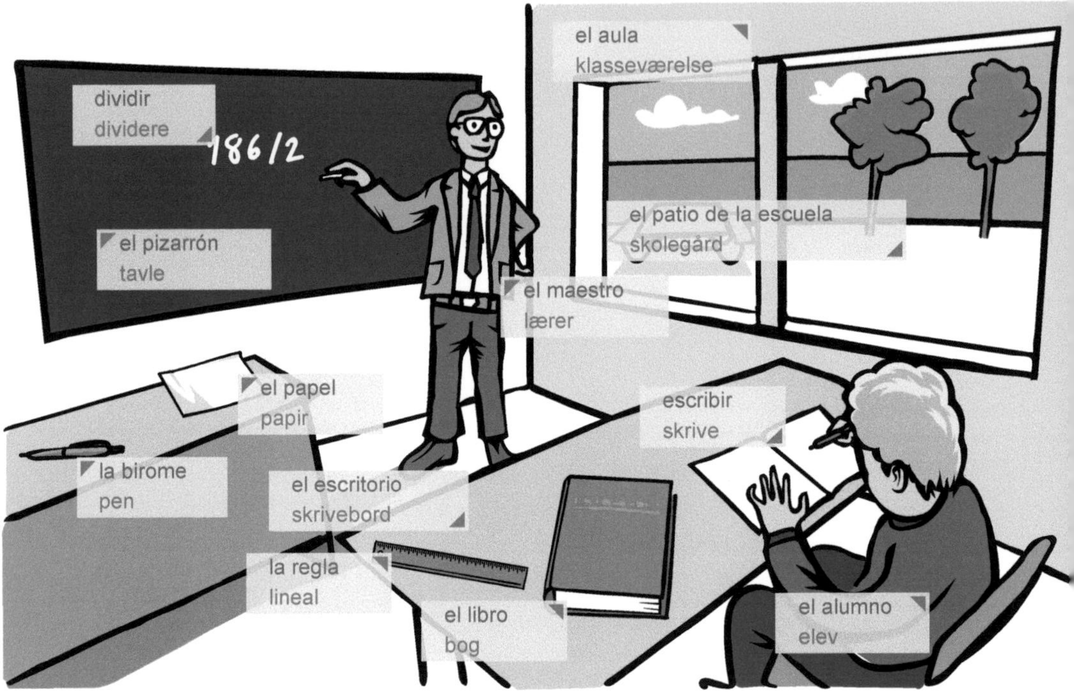
el aula
klasseværelse
dividir
dividere
186/2
el pizarrón
tavle
el patio de la escuela
skolegård
el maestro
lærer
el papel
papir
escribir
skrive
la birome
pen
el escritorio
skrivebord
la regla
lineal
el libro
bog
el alumno
elev

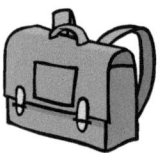

la mochila
skoletaske

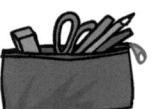

la caja de lápices
penalhus

el lápiz
blyant

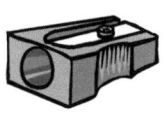

el sacapuntas
blyantspidser

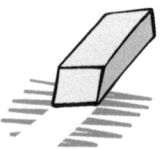

la goma (de borrar)
viskelæder

el bloc de dibujo
tegneblok

el dibujo
tegning

el pincel
pensel

la caja de pinturas
æske med vandfarver

la tijera
saks

el pegamento
lim

el cuaderno de ejercicios
opgavehefte

la tarea
lektie

el número
tal

sumar
addere

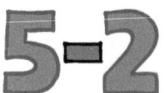

restar
subtrahere

multiplicar
multiplicere

calcular
regne

la letra
bogstav

el abecedario
alfabet

la palabra
ord

el texto

tekst

leer

læse

la tiza

kridt

la lección

time

el cuaderno de clase

klasseprotokol

el examen

eksamen

el certificado

karakterbog

el uniforme escolar

skoleuniform

la educación

uddannelse

la enciclopedia

leksikon

la universidad

universitet

el microscopio

mikroskop

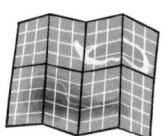

el mapa

kort

el tacho (de basura)

papirkurv

el viaje
rejse

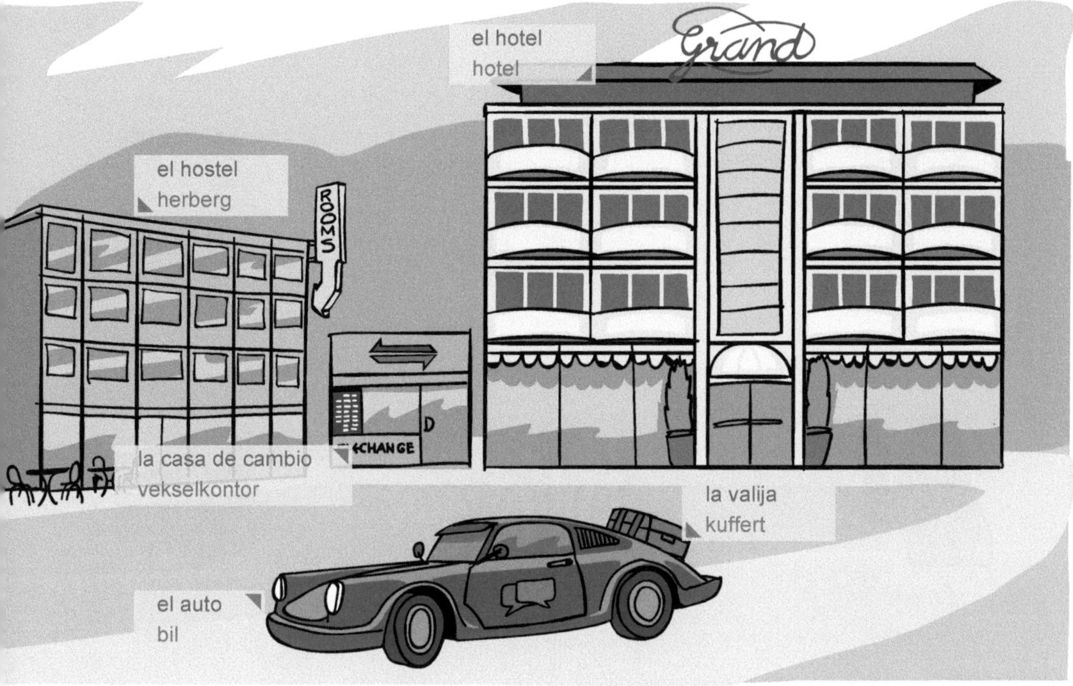

el hotel
hotel
el hostel
herberg
ROOMS
la casa de cambio
vekselkontor
EXCHANGE
la valija
kuffert
el auto
bil

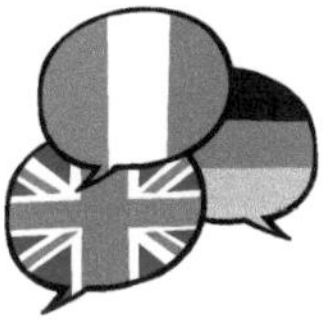

el idioma

sprog

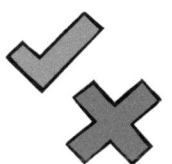

sí / no

ja / nej

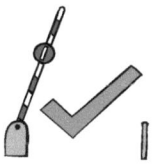

Está bien

okay

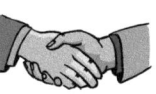

hola

hej

el traductor

oversætter

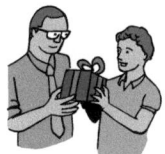

Gracias

tak

¿cuánto cuesta...?

hvad koster...?

No entiendo

Jeg forstår ikke

el problema

problem

¡Buenas tardes!

God aften!

¡Buenos días!

God morgen!

¡Buenas noches!

God nat!

el adiós

farvel

la dirección

retning

el equipaje

bagage

el bolso

taske

la mochila

rygsæk

el invitado

gæst

la habitación

værelse

la bolsa de dormir

sovepose

la carpa

telt

la información turística

turistinformation

la playa

strand

la tarjeta de crédito

kreditkort

el desayuno

morgenmad

el almuerzo

middagsmad

la cena

aftensmad

el pasaje

billet

el ascensor

elevator

el sello

frimærke

la frontera

grænse

la aduana

told

la embajada

ambassade

la visa

visum

el pasaporte

pas

el viaje - rejse

el transporte

transport

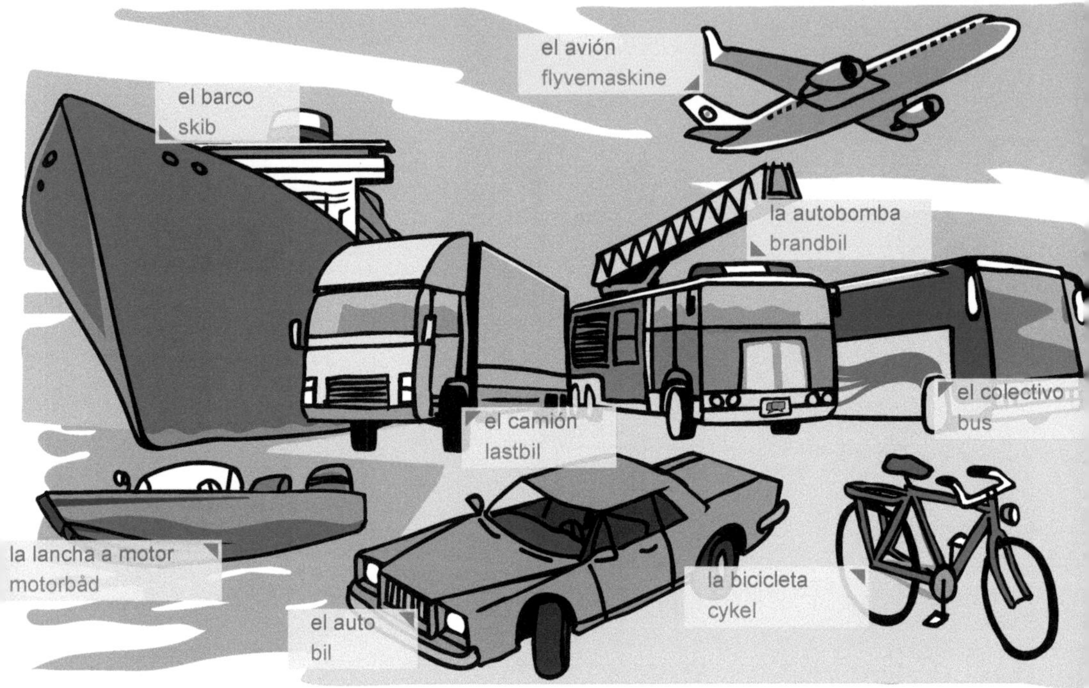
el avión
flyvemaskine
el barco
skib
la autobomba
brandbil
el colectivo
bus
el camión
lastbil
la lancha a motor
motorbåd
la bicicleta
cykel
el auto
bil

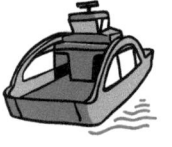

el ferry

færge

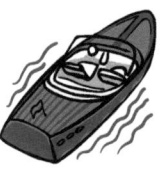

el bote

båd

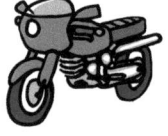

la moto

motorcykel

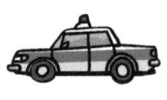

el patrullero

politibil

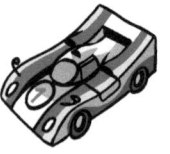

el auto de carreras

racerbil

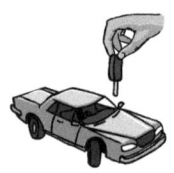

el auto de alquiler

lejebil

el alquiler de autos

samkørsel

la grúa

kranbil

el camión de la basura

skraldebil

el motor

motor

la nafta

benzin

la estación de servicio

tankstation

la señal de tránsito

trafikskilt

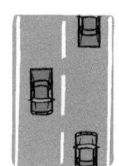

el tránsito

trafik

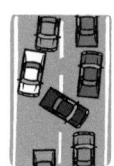

el embotellamiento

trafikprop

el estacionamiento

parkeringsplads

la estación de tren

banegård

las vías

skinner

el tren

tog

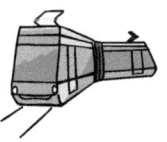

el tranvía

sporvogn

el vagón

wagon

el helicóptero
helikopter

el aeropuerto
lufthavn

la torre
tårn

el pasajero
passager

el contenedor
container

la caja de cartón
karton

la carretilla
kærre

la canasta
kurv

despegar / aterrizar
starte / lande

la ciudad

by

el pueblo
landsby

el centro de la ciudad
bymidte

la casa
hus

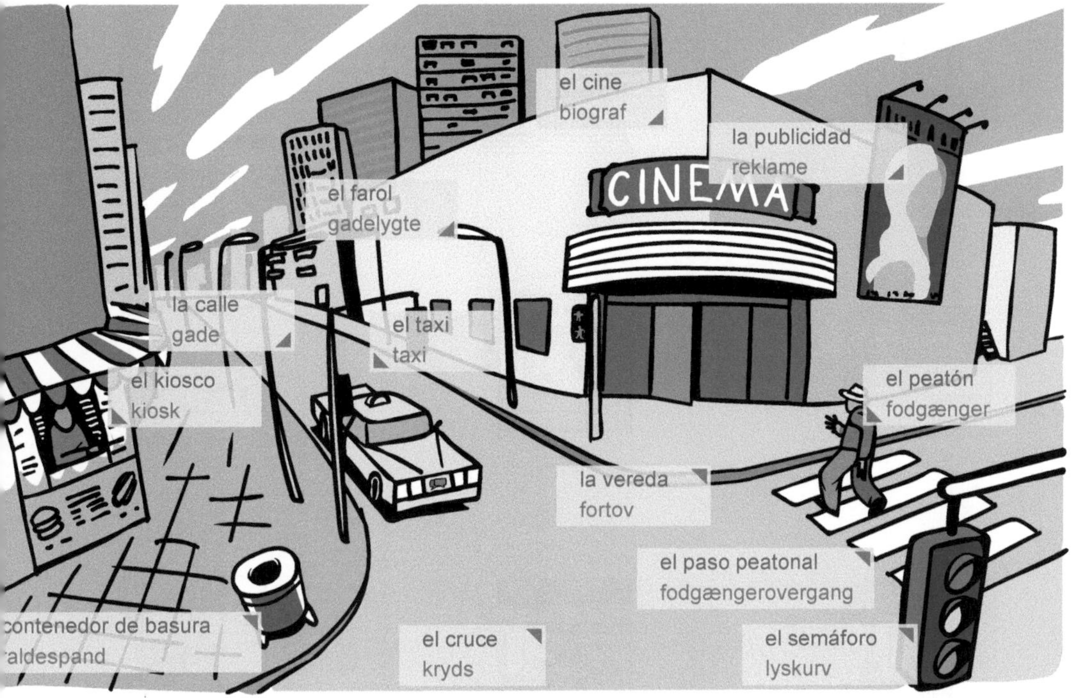

el cine
biograf

la publicidad
reklame

el farol
gadelygte

CINEMA

la calle
gade

el taxi
taxi

el kiosco
kiosk

el peatón
fodgænger

la vereda
fortov

el paso peatonal
fodgængerovergang

contenedor de basura
aldespand

el cruce
kryds

el semáforo
lyskurv

la cabaña
··············
hytte

el departamento
··············
lejlighed

la estación de tren
··············
banegård

la municipalidad
··············
rådhus

el museo
··············
museum

el colegio
··············
skole

la universidad

universitet

el banco

bank

el hospital

sygehus

el hotel

hotel

la farmacia

apotek

la oficina

kontor

la librería

boghandel

el negocio

butik

la florería

blomsterbutik

el supermercado

supermarked

el mercado

marked

las grandes tiendas

stormagasin

la pescadería

fiskehandler

el centro comercial

butikscenter

el puerto

havn

el parque

park

el banco

bænk

el puente

bro

las escaleras

trappe

el subte

undergrundsbane

el túnel

tunnel

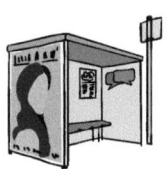

la parada del colectivo

busstoppested

el bar

barnevogn

el restaurante

restaurant

el buzón

postkasse

el letrero

vejskilt

el parquímetro

parkometer

el zoológico

zoo

la pileta

badeanstalt

la mezquita

moske

la granja

bondegård

la contaminación

miljøforurening

el cementerio

kirkegård

la iglesia

kirke

los juegos infantiles

legeplads

el templo

tempel

el paisaje

landskab

la hoja
blad

el poste indicador
vejviser

el camino
vej

la pradera
eng

la piedra
sten

el excursionista
vandrer

el árbol
træ

el río
flod

la hierba
græs

la flor
blomst

el valle

dal

la montaña

bjerg

el lago

sø

el bosque

skov

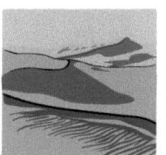

el desierto

ørken

el volcán

vulkan

el castillo

slot

el arco iris

regnbue

el champiñón

svamp

la palmera

palme

el mosquito

moskito

la mosca

flue

la hormiga

myre

la abeja

bi

la araña

edderkop

el escarabajo

bille

la rana

frø

la ardilla

egern

el erizo

pindsvin

la liebre

hare

la lechuza

ugle

el pájaro

fugl

el cisne

svane

el jabalí

vildsvin

el ciervo

hjort

el alce

elg

la presa

dæmning

el aerogenerador

vindmølle

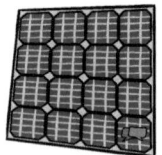

el panel solar

solcellemodul

el clima

klima

el restaurante
restaurant

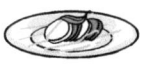

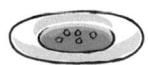

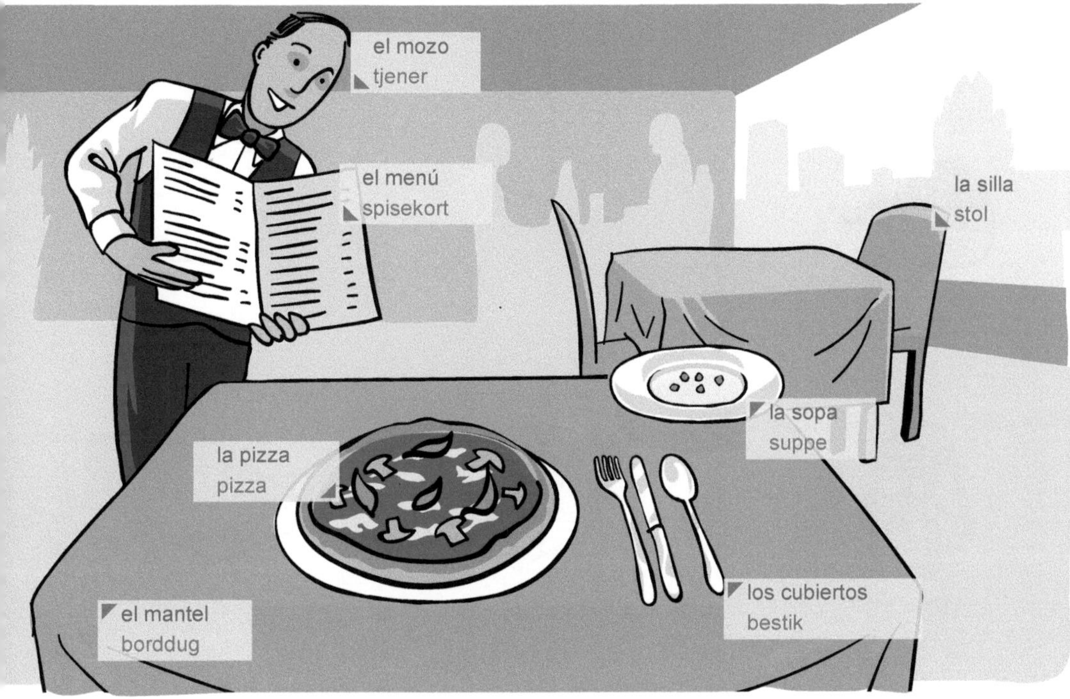
el mozo
tjener
el menú
spisekort
la silla
stol
la sopa
suppe
la pizza
pizza
los cubiertos
bestik
el mantel
borddug

la entrada
forret

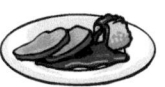

el plato principal
hovedret

el postre
dessert

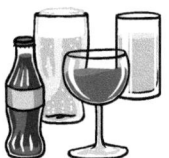

las bebidas
drikkevarer

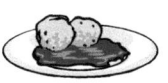

la comida
mad

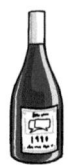

la botella
flaske

la comida rápida

fastfood

la comida callejera

streetfood

la tetera

tekande

la azucarera

sukkerdåse

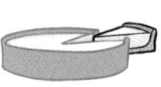

la porción

portion

la cafetera expreso

espressomaskine

la sillita alta

barnestol

la cuenta

faktura

la bandeja

tablet

el cuchillo

kniv

el tenedor

gaffel

la cuchara

ske

la cucharita

teske

la servilleta

serviet

el vaso

glas

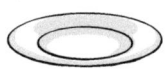

el plato

tallerken

el plato hondo

dyb tallerken

el plato

underkop

la salsa

sovs

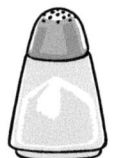

el salero

saltbøsse

el molinillo de pimienta

peberkværn

el vinagre

eddike

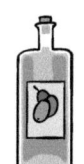

el aceite

olie

las especias

krydderier

el kétchup

ketchup

la mostaza

sennep

la mayonesa

mayonnaise

el supermercado
supermarked

la oferta especial
tilbud
FOR
el cliente
kunde
los lácteos
mælkeprodukter
la fruta
frugt
el changuito
indkøbsvogn

BUTCHERS

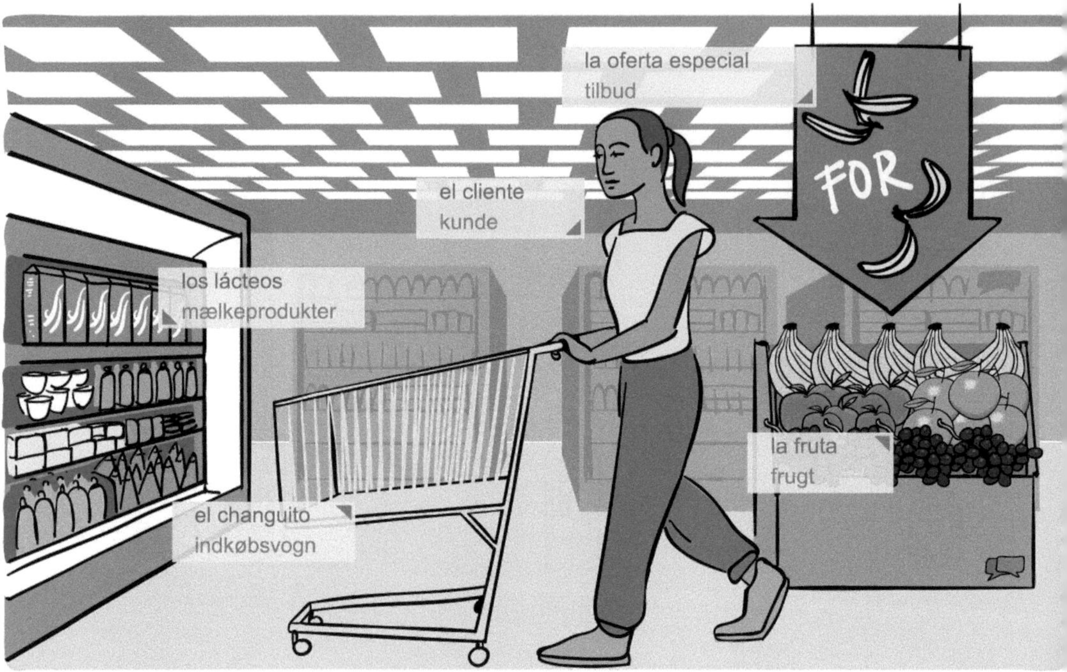

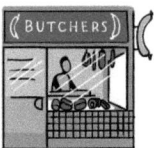

la carnicería

slagter

BAKERY

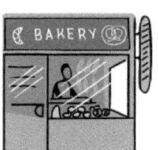

la panadería

bageri

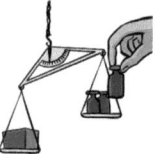

pesar

veje

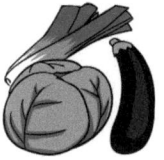

las verduras

grøntsager

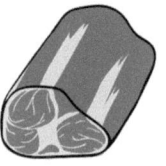

la carne

kød

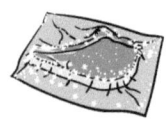

los alimentos congelados

frostvarer

los fiambres

pålæg

los alimentos enlatados

konserves

el detergente en polvo

vaskemiddel

las golosinas

slik

los electrodomésticos

husholdningsvarer

los productos de limpieza

rengøringsmidler

la vendedora

ekspedient

la caja

kasse

el cajero

kasserer

la lista de compras

indkøbsliste

el horario de atención

åbningstider

la billetera

tegnebog

la tarjeta de crédito

kreditkort

la cartera

taske

la bolsa de plástico

plasticpose

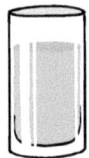

el agua

vand

el jugo

saft

la leche

mælk

la bebida cola

cola

el vino

vin

la cerveza

øl

el alcohol

alkohol

el cacao

kakao

el té

te

el café

kaffe

el café expreso

espresso

el cappuccino

cappuccino

la banana

banan

la manzana

æble

la naranja

appelsin

el melón

melon

el limón

citron

la zanahoria

gulerod

el ajo

hvidløg

el bambú

bambus

la cebolla

løg

el champiñón

svamp

las nueces

nødder

los fideos

nudler

los tallarines

spaghetti

el arroz

ris

la ensalada

salat

las papas fritas

pomfritter

las papas fritas

stegte kartofler

la pizza

pizza

la hamburguesa

hamburger

el sándwich

sandwich

el churrasco

schnitzel

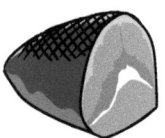

el jamón

skinke

el salame

salami

la salchicha

pølse

el pollo

kylling

el asado

steg

el pescado

fisk

los copos de avena

havregryn

el muesli

mysli

los copos de maíz

cornflakes

la harina

mel

la medialuna

croissant

el pancito

rundstykke

el pan

brød

la tostada

toast

las galletitas

kiks

la manteca

smør

la cuajada

kvark

la torta

kage

el huevo

æg

el huevo frito

spejlæg

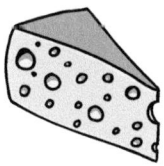

el queso

ost

el helado

is

el azúcar

sukker

la miel

honning

la mermelada

marmelade

la pasta de chocolate

nougat-creme

el curry

karry

la granja
bondegård

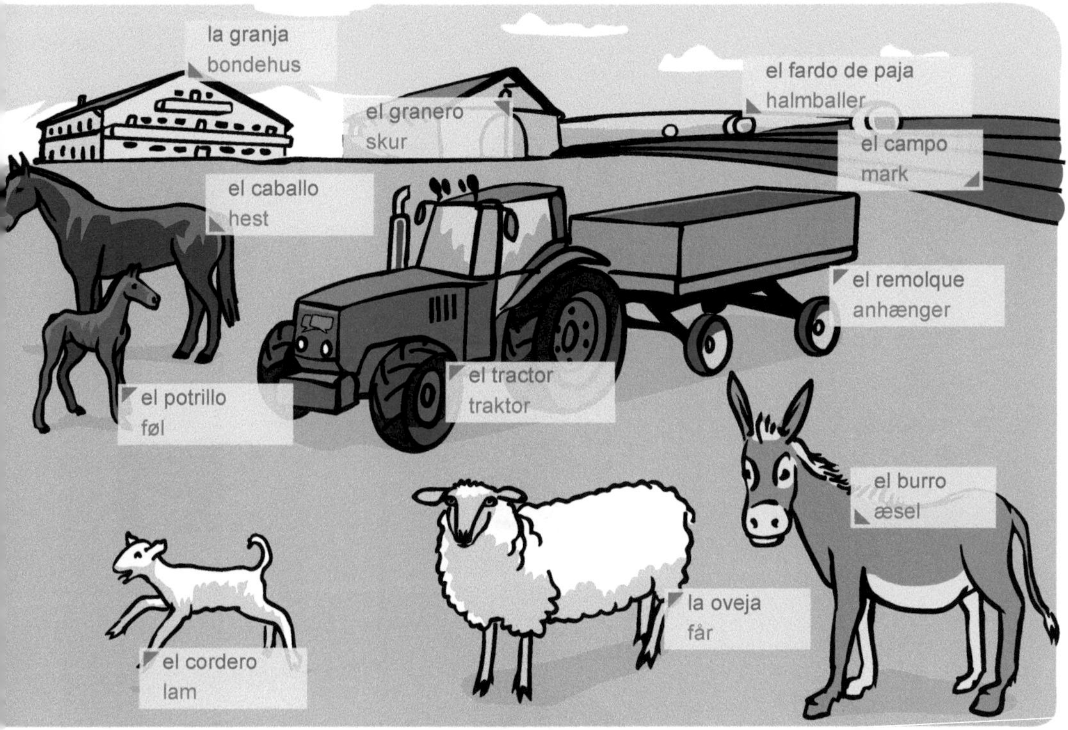
la granja
bondehus
el granero
skur
el fardo de paja
halmballer
el campo
mark
el caballo
hest
el remolque
anhænger
el tractor
traktor
el potrillo
føl
el burro
æsel
la oveja
får
el cordero
lam

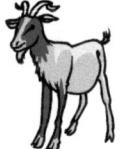

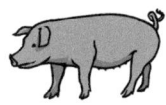

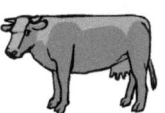

la cabra

ged

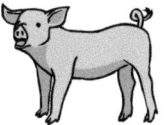

la vaca

ko

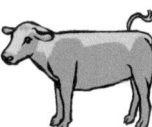

el ternero

kalv

el cerdo

svin

el lechón

gris

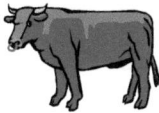

el toro

tyr

el ganso

gås

el pato

and

el pollo

kylling

la gallina

høne

el gallo

hane

la rata

rotte

el gato

kat

el ratón

mus

el buey

okse

el perro

hund

la cucha

hundehus

la manguera

haveslange

la regadera

vandkande

la guadaña

le

el arado

plov

la hoz

segl

la azada

hakkejern

la horquilla

møggreb

el hacha

økse

la carretilla

trillebør

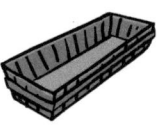

el abrevadero

trug

la lechera

mælkekande

la bolsa

sæk

la reja

hæk

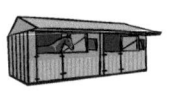

el establo

stald

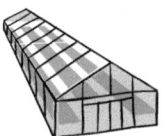

el invernadero

drivhus

el suelo

jord

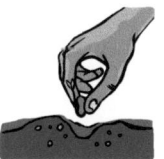

la semilla

frø

el fertilizador

gødning

la cosechadora

mejetærsker

cosechar

høste

la cosecha

høst

las batatas

yams

el trigo

hvede

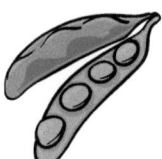

la soja

soja

la papa

kartoffel

el maíz

majs

la semilla de colza

raps

el árbol frutal

frugttræ

la mandioca

maniok

los cereales

korn

la casa
hus

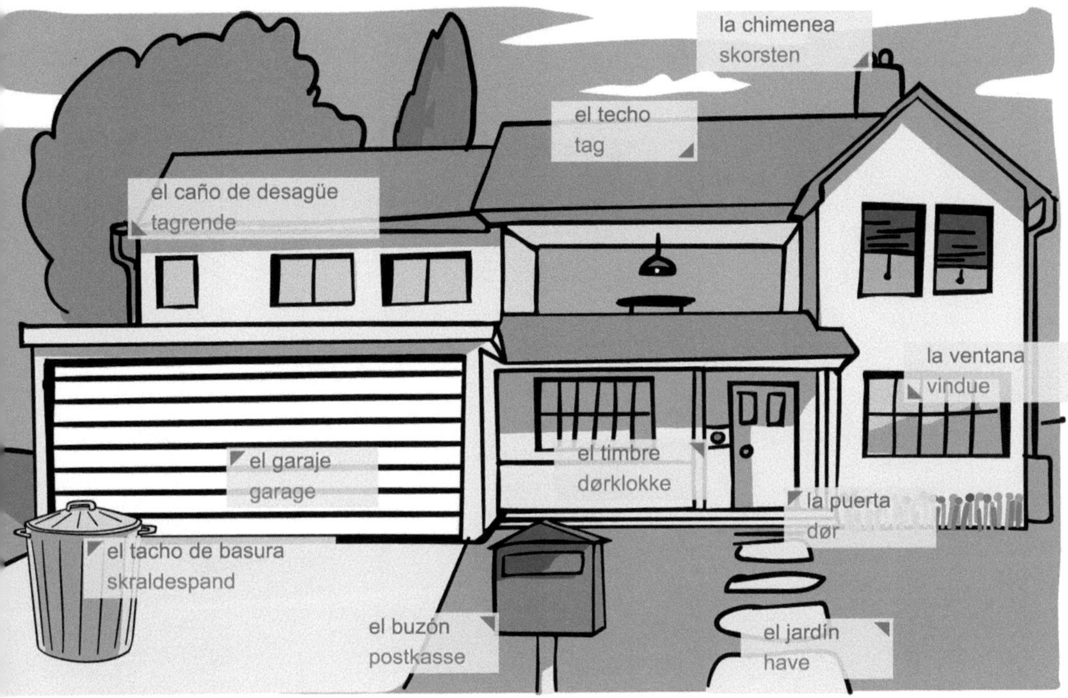
la chimenea
skorsten
el techo
tag
el caño de desagüe
tagrende
la ventana
vindue
el garaje
garage
el timbre
dørklokke
la puerta
dør
el tacho de basura
skraldespand
el buzón
postkasse
el jardín
have

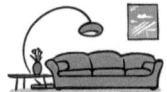

el living

stue

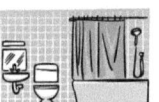

el baño

badeværelse

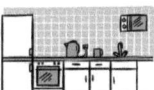

la cocina

køkken

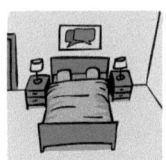

el dormitorio

soveværelse

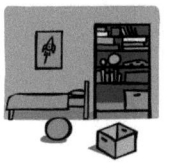

el cuarto de los chicos

børneværelse

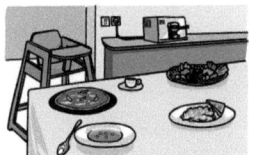

el comedor

spisestue

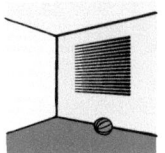

el piso

gulv

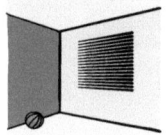

la pared

væg

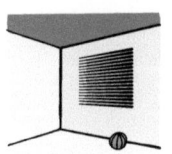

el cielorraso

loft

el sótano

kælder

el sauna

sauna

el balcón

altan

la terraza

terrasse

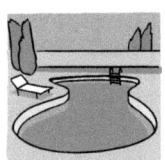

la pileta

svømmehal

la cortadora de pasto

plæneklipper

la sábana

dynebetræk

el acolchado

dyne

la cama

seng

la escoba

kost

el balde

spand

el interruptor

kontakt

el living

stue

el empapelado
tapet
la imagen
billede
la lámpara
lampe
el estante
reol
el armario
skab
la televisión
fjernsyn
la chimenea
pejs
la flor
blomst
el almohadón
pude
el sofá
sofa
el florero
vase
el control remoto
fjernbetjening

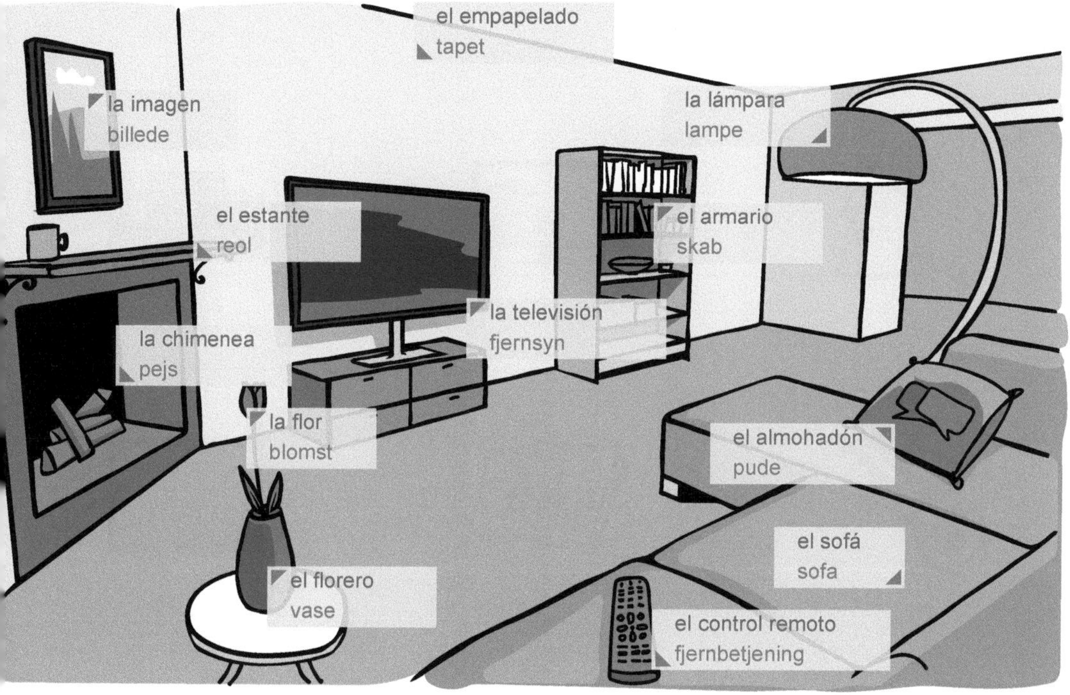

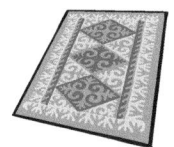

la alfombra

gulvtæppe

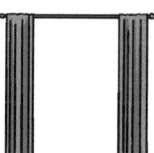

la cortina

gardin

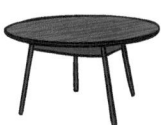

la mesa

bord

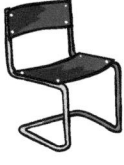

la silla

stol

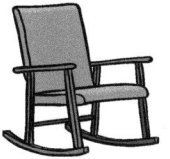

la mecedora

gyngestol

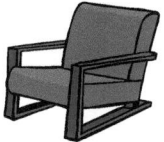

el sillón

lænestol

el libro

bog

la frazada

tæppe

la decoración

dekoration

la leña

brænde

la película

film

el equipo de música

stereoanlæg

la llave

nøgle

el diario

avis

la pintura

maleri

el póster

plakat

la radio

radio

el cuaderno

notesblok

la aspiradora

støvsuger

el cactus

kaktus

la vela

lys

la cocina
køkken

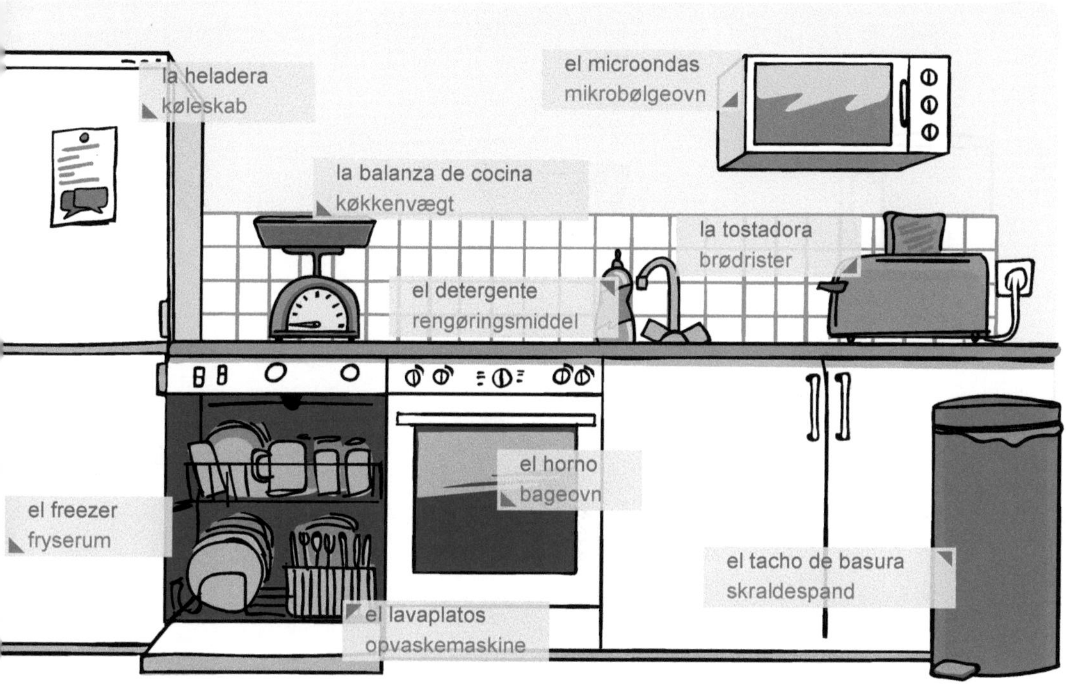

la heladera
køleskab
el microondas
mikrobølgeovn
la balanza de cocina
køkkenvægt
la tostadora
brødrister
el detergente
rengøringsmiddel
el horno
bageovn
el freezer
fryserum
el tacho de basura
skraldespand
el lavaplatos
opvaskemaskine

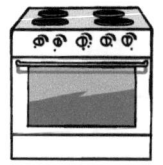

la cocina

komfur

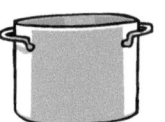

la olla

gryde

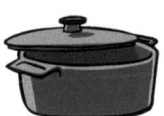

la olla de hierro fundido

jerngryde

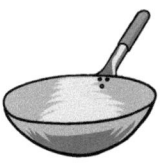

el wok

wok / kadai

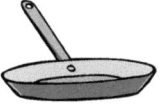

la sartén

pande

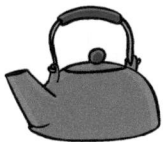

la pava

elkedel

la vaporera
dampkoger

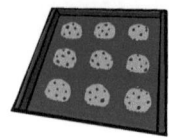

la bandeja de horno
bageplade

la vajilla
service

la taza
bæger

el bol
skål

los palitos
spisepinde

el cucharón
øseske

la espátula
paletkniv

la batidora
piskeris

el colador
dørslag

el colador
si

el rallador
rive

el mortero
morter

la parrilla
grille

la fogata
ildsted

la tabla de picar

skærebræt

el palo de amasar

kagerulle

el sacacorchos

proptrækker

la lata

dåse

el abrelatas

dåseåbner

la manopla

grydelap

la pileta

køkkenvask

el cepillo

børste

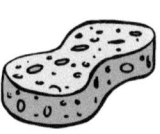

la esponja

svamp

la batidora

blender

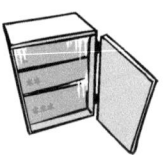

el congelador

dybfryser

la mamadera

sutteflaske

la canilla

vandhane

el baño
badeværelse

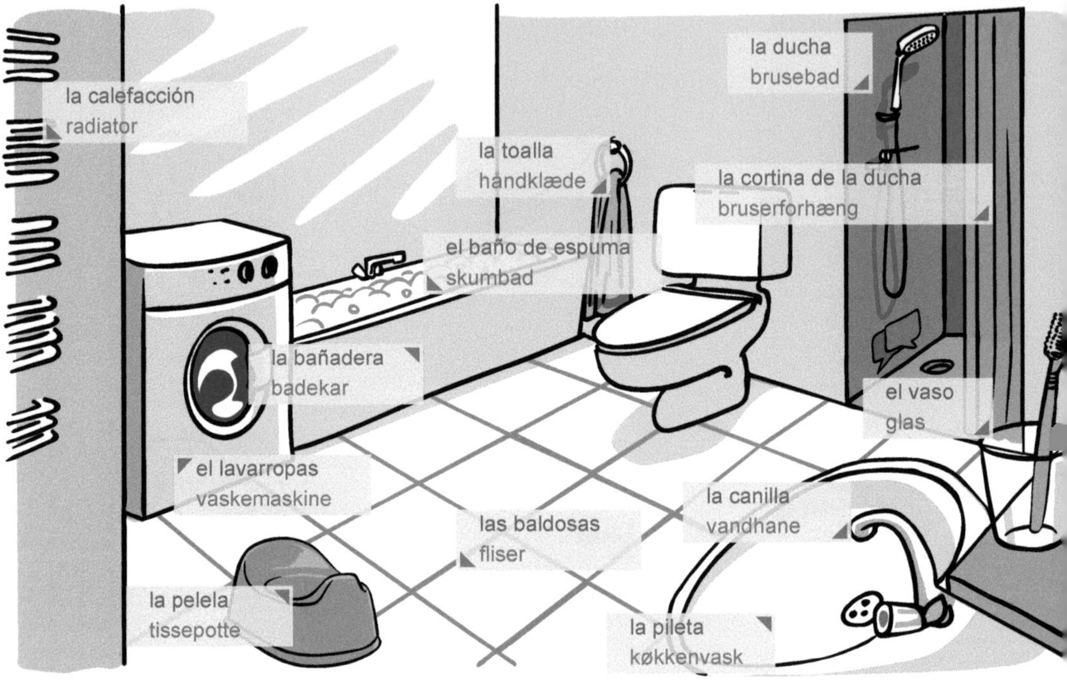
la calefacción
radiator
la ducha
brusebad
la toalla
håndklæde
la cortina de la ducha
bruserforhæng
el baño de espuma
skumbad
la bañadera
badekar
el vaso
glas
el lavarropas
vaskemaskine
la canilla
vandhane
las baldosas
fliser
la pelela
tissepotte
la pileta
køkkenvask

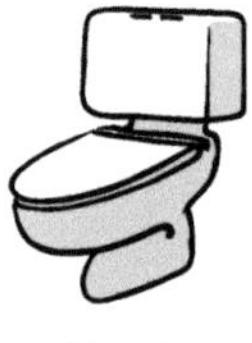

el inodoro

toilet

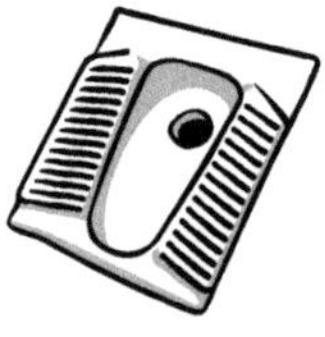

la letrina

hugsiddende toilet

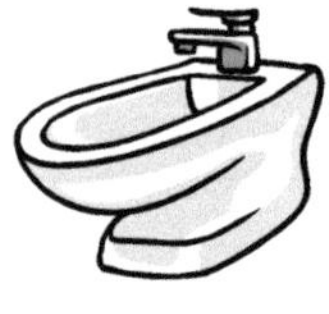

el bidé

bidet

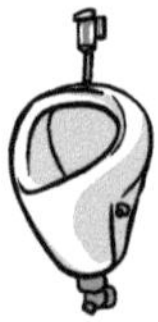

el mingitorio

pissoir

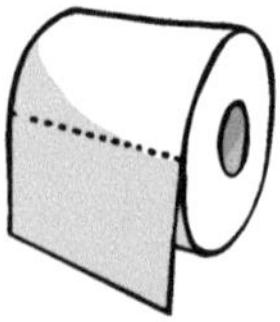

el papel higiénico

toiletpapir

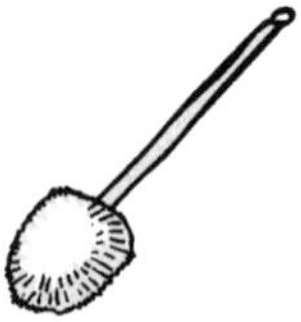

el cepillo para el inodoro

toiletbørste

el cepillo de dientes

tandbørste

el dentífrico

tandpasta

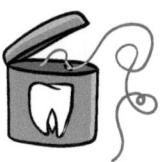

el hilo dental

tandtråd

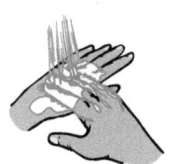

lavar

vaske

la ducha de mano

håndbruser

la ducha higiénica

intimbruser

la palangana

vaskefad

el cepillo para la espalda

badebørste

el jabón

sæbe

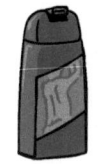

el gel de ducha

brusegele

el shampoo

shampoo

la toallita

vaskeklud

el desagüe

afløb

la crema

creme

el desodorante

deodorant

el baño - badeværelse

el espejo

spejl

el espejito

kosmetikspejl

la maquinita de afeitar

barberhøvl

la espuma de afeitar

barberskum

el aftershave

barbervand

el peine

kam

el cepillo

børste

el secador de pelo

hårtørrer

el spray

hårspray

el maquillaje

makeup

el lápiz de labios

læbestift

el esmalte para uñas

neglelak

el algodón

vat

la tijera para uñas

neglesaks

el perfume

parfume

el portacosméticos

toilettaske

la banqueta

skammel

la balanza

vægt

la bata

badekåbe

los guantes de goma

gummihandsker

el tampón

tampon

la toallita femenina

damebind

el baño químico

kemisk toilet

el cuarto de los chicos

børneværelse

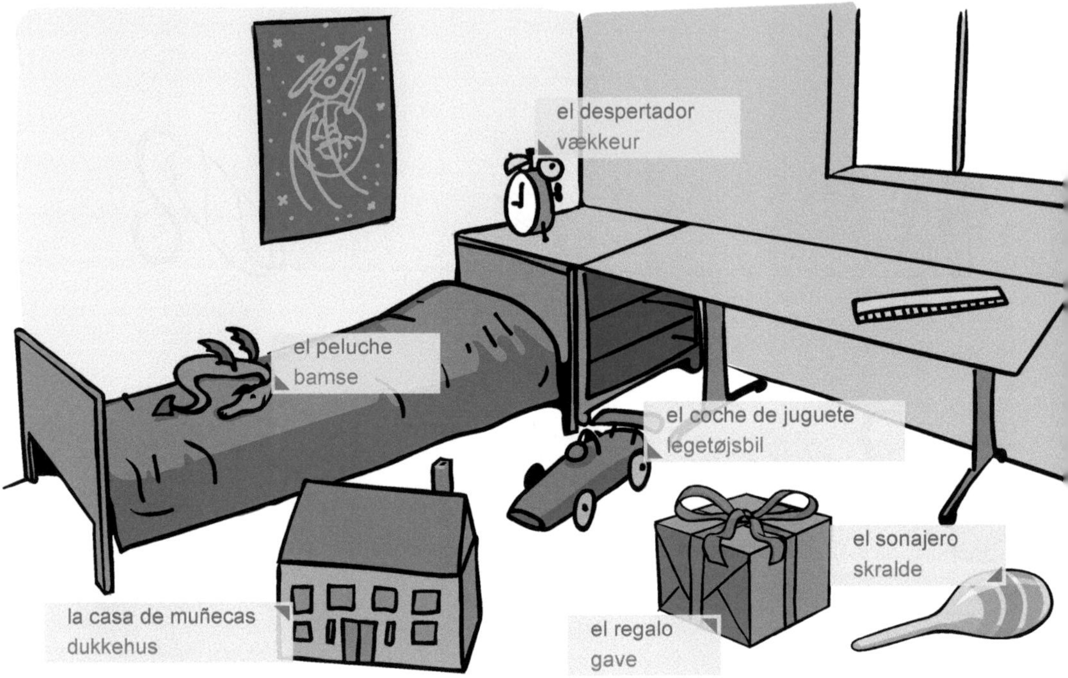

el despertador
vækkeur
el peluche
bamse
el coche de juguete
legetøjsbil
el sonajero
skralde
la casa de muñecas
dukkehus
el regalo
gave

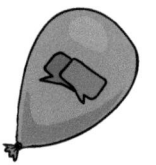

el globo

ballon

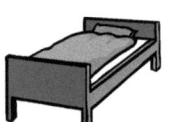

la cama

seng

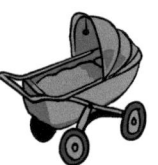

el cochecito

barnevogn

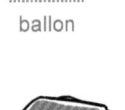

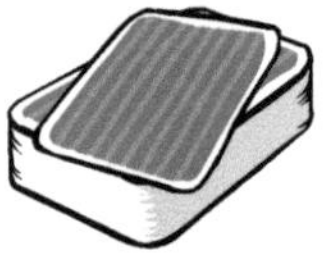

las cartas

kortspil

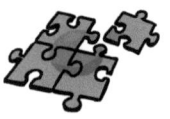

el rompecabezas

puslespil

SUPER
MEGA

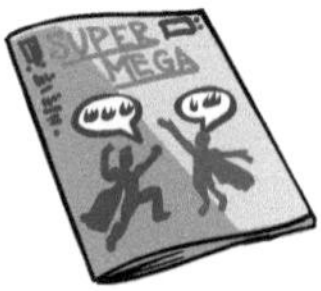

la historieta

tegneserie

las piezas de lego

legoklodser

los ladrillos de juguete

byggeklodser

la figura de acción

action figur

el enterito (de bebé)

sparkedragt

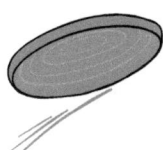

el frisbee

frisbee

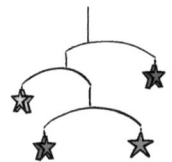

el móvil para bebés

uro

el juego de mesa

brætspil

los dados

terning

el tren eléctrico

modeljernbane

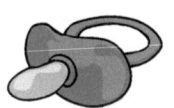

el chupete

sut

la fiesta

fest

el libro de cuentos ilustrado

billedbog

la pelota

bold

la muñeca

dukke

jugar

lege

el arenero

sandkasse

la hamaca

gynge

los juguetes

legetøj

la consola de videojuegos

spillekonsol

el triciclo

trehjulet cykel

el osito de peluche

bamse

el armario

klædeskab

las medias

sokker

las medias panty

strømper

las calzas

strømpebukser

la bufanda
sjal

el cinturón
bælte

el paraguas
paraply

la remera
T-shirt

las zapatillas
sneakers

las botas
støvler

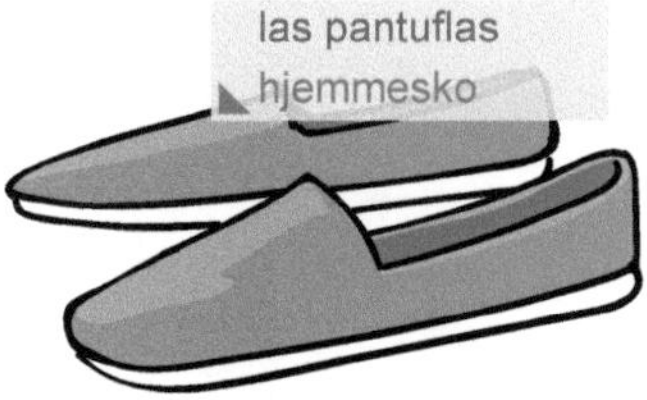

las pantuflas
hjemmesko

las sandalias
sandaler

los zapatos
sko

las botas de goma
gummistøvler

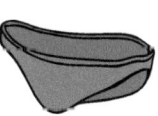

la ropa interior
underbukser

el corpiño
BH

el chaleco
undertrøje

el body

body

los pantalones

bukser

los jeans

jeans

la pollera

nederdel

la blusa

bluse

la camisa

skjorte

el pulóver

pullover

el buzo

sweatshirt

el blazer

blazer

la campera

jakke

el tapado

frakke

el piloto

regnfrakke

el traje

kostume

el vestido

kjole

el vestido de novia

brudekjole

el traje

jakkesæt

el camisón

nattrøje

el pijama

pyjamas

el sari

sari

el pañuelo para la cabeza

hovedtørklæde

el turbante

turban

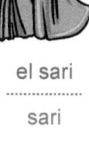

la burka

burka

el caftán

kaftan

la abaya

abaya

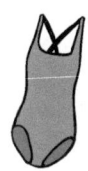

el traje de baño

badedragt

el short de baño

badebukser

los shorts

korte hukser

el jogging

træningsdragt

el delantal

forklæde

los guantes

handsker

el botón
knap

los anteojos
briller

la pulsera
armbånd

el collar
kæde

el anillo
ring

el aro
ørering

la gorra
hue

la percha
bøjle

el sombrero
hat

la corbata
slips

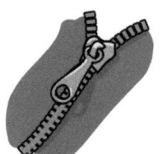

el cierre
lynlås

el casco
hjelm

los tiradores
seler

el uniforme escolar
skoleuniform

el uniforme
uniform

el babero

hagesmæk

el chupete

sut

el pañal

ble

la oficina
kontor

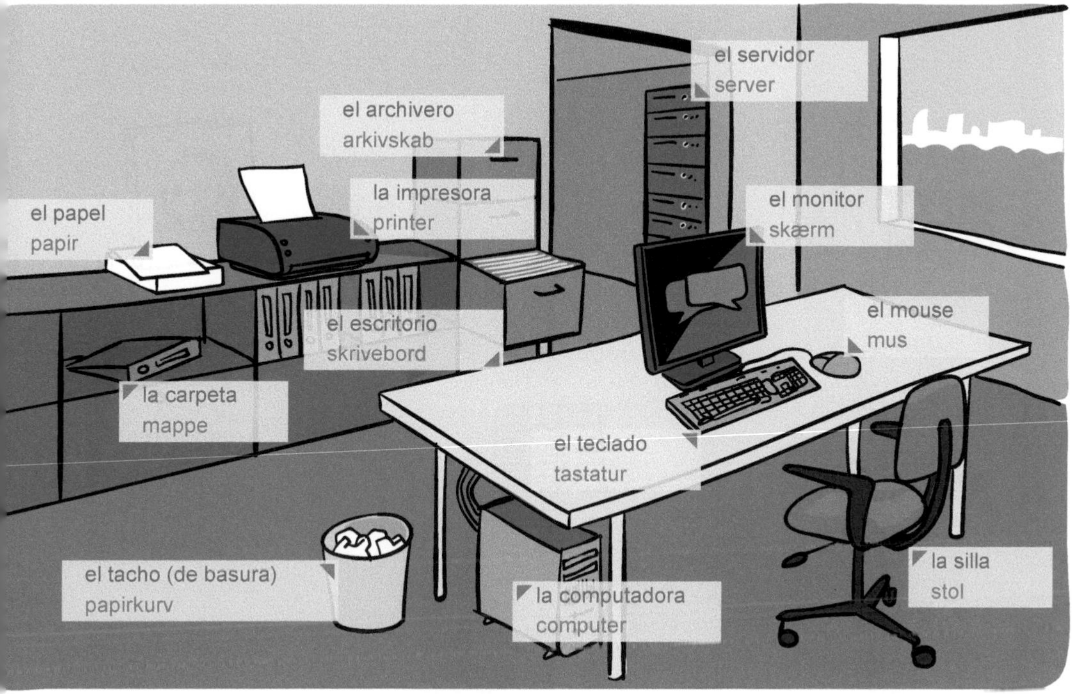

el servidor
server

el archivero
arkivskab

la impresora
printer

el monitor
skærm

el papel
papir

el escritorio
skrivebord

el mouse
mus

la carpeta
mappe

el teclado
tastatur

el tacho (de basura)
papirkurv

la silla
stol

la computadora
computer

la taza de café

kaffekrus

la calculadora

lommeregner

el internet

internet

la laptop

bærbar

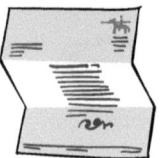

la carta

brev

el mensaje

besked

el celular

mobil

la red

netværk

la fotocopiadora

kopimaskine

el software

software

el teléfono

telefon

el tomacorriente

stikdåse

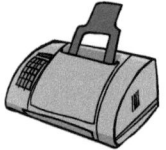

el fax

fax

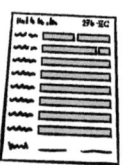

el formulario

formular

el documento

dokument

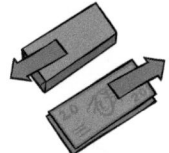

comprar

købe

pagar

betale

hacer negocios

handle

el dinero

penge

el dólar

dollar

el euro

euro

el yen

yen

el rublo

rubel

el franco suizo

schweizerfranc

el yuan

renminbi yuan

la rupia

rupee

el cajero automático

hæveautomat

la casa de cambio

vekselkontor

el oro

guld

la plata

sølv

el petróleo

olie

la energía

energi

el precio

pris

el contrato

kontrakt

el impuesto

skat

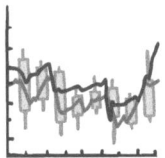

la acción

aktie

trabajar

arbejde

el empleado

ansat

el empleador

arbejdsgiver

la fábrica

fabrik

el negocio

butik

las ocupaciones
erhverv

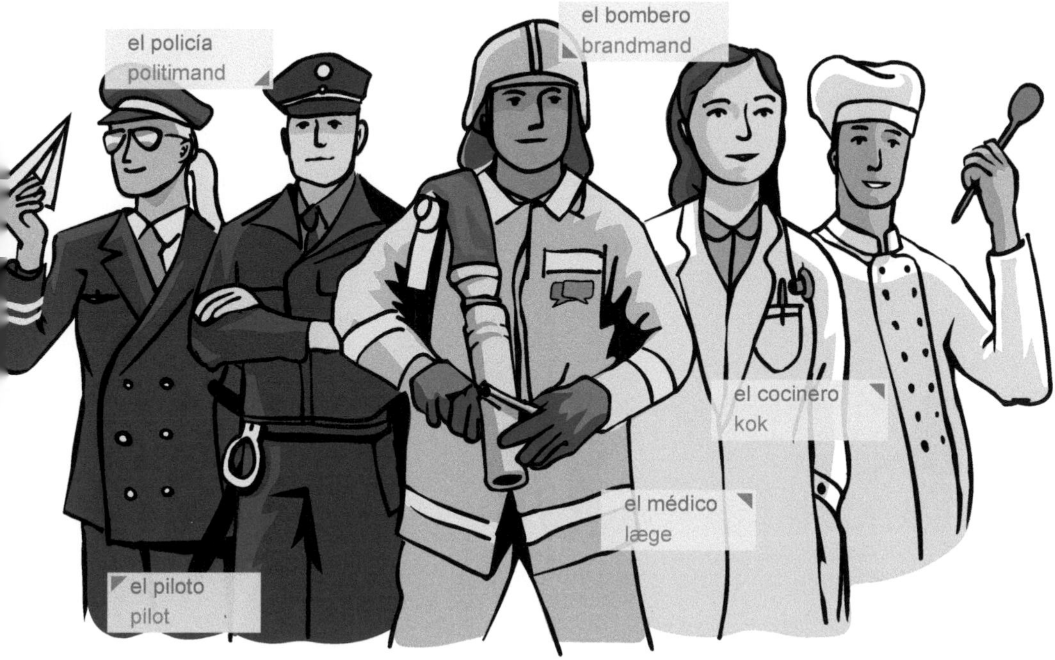
el policía
politimand
el bombero
brandmand
el cocinero
kok
el médico
læge
el piloto
pilot

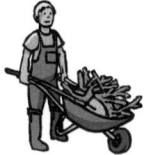

el jardinero

gartner

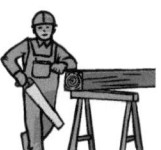

el carpintero

tømrer

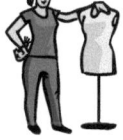

la modista

syerske

el juez

dommer

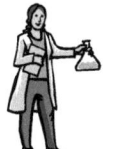

el farmacéutico

kemiker

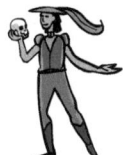

el actor

skuespiller

el colectivero

buschauffør

el taxista

taxachauffør

el pescador

fisker

la mucama

rengøringskone

el techista

tagdækker

el mozo

tjener

el cazador

jæger

el pintor

maler

el panadero

bager

el electricista

elektriker

el albañil

bygningsarbejder

el ingeniero

ingeniør

el carnicero

slagter

el plomero

vvs-mand

el cartero

postbud

el soldado

soldat

el arquitecto

arkitekt

el cajero

kasserer

el florista

blomsterhandler

el peluquero

frisør

el cobrador

togfører

el mecánico

mekaniker

el capitán

kaptajn

el dentista

tandlæge

el científico

videnskabsmand

el rabino

rabbiner

el imán

imam

el monje

munk

el sacerdote

præst

las herramientas
værktøj

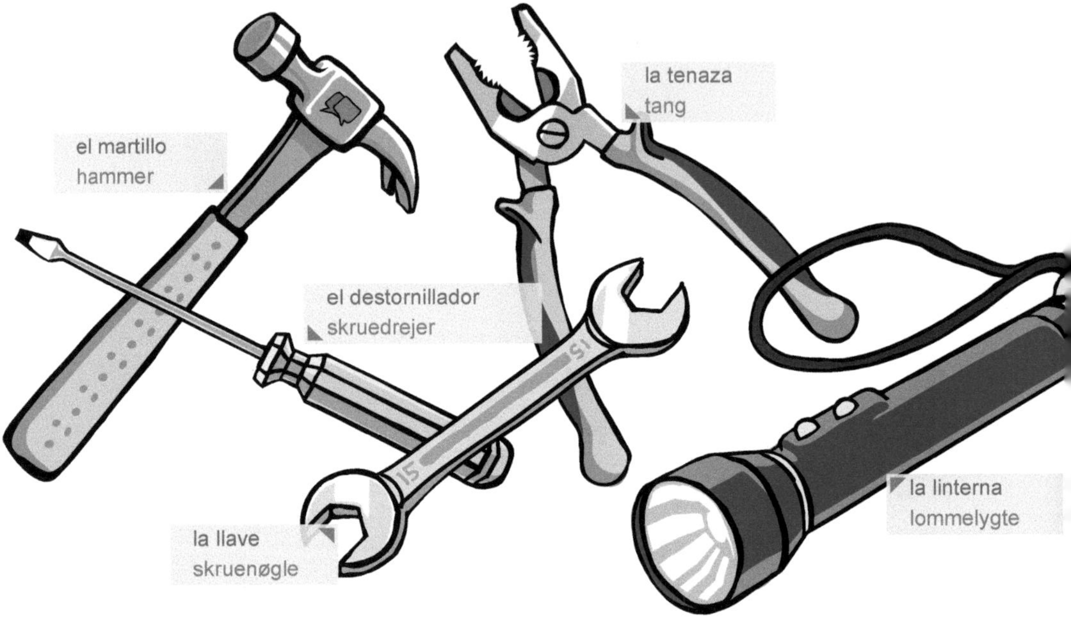

el martillo
hammer
la tenaza
tang
el destornillador
skruedrejer
la llave
skruenøgle
la linterna
lommelygte

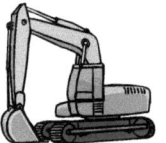

la excavadora

gravemaskine

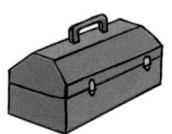

la caja de herramientas

værktøjskasse

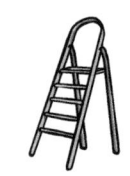

la escalera portátil

stige

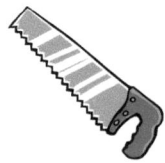

la sierra

sav

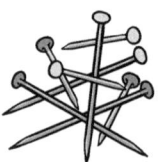

los clavos

søm

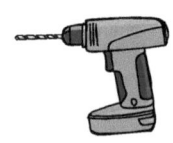

el taladro

bor

arreglar

reparere

la pala de jardín

skovl

¡Qué bronca!

Lort!

la pala de plástico

fejebakke

el tacho de pintura

malerspand

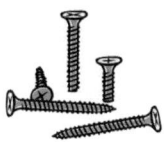

los tornillos

skruer

los instrumentos musicales
musikinstrumenter

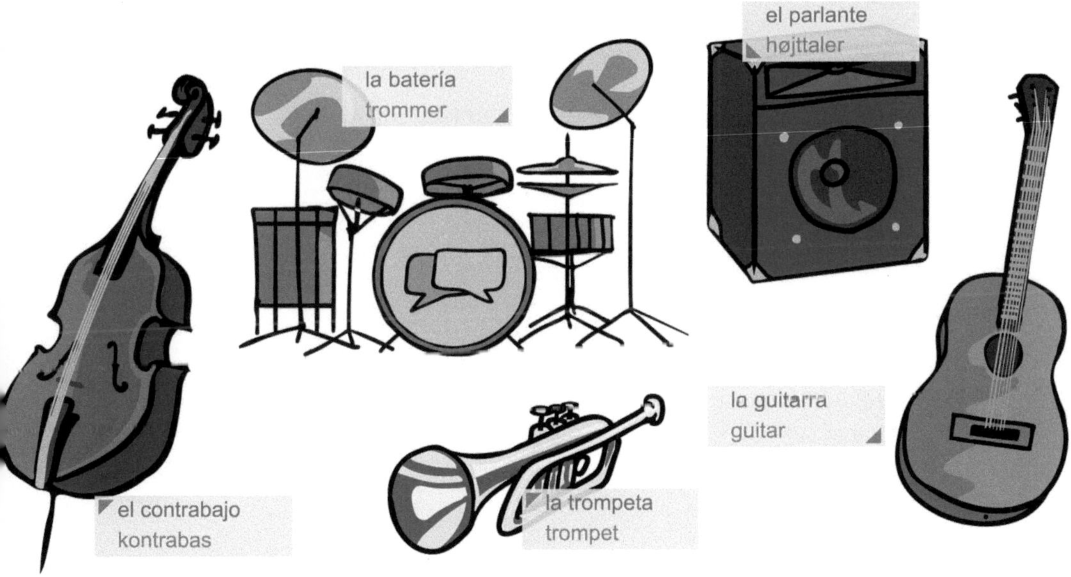

el parlante
højttaler

la batería
trommer

la guitarra
guitar

el contrabajo
kontrabas

la trompeta
trompet

el piano

klaver

el violín

violin

el bajo

bas

los timbales

pauke

el tambor

tromme

el teclado

keyboard

el saxofón

saxofon

la flauta

fløjte

el micrófono

mikrofon

el zoológico

zoo

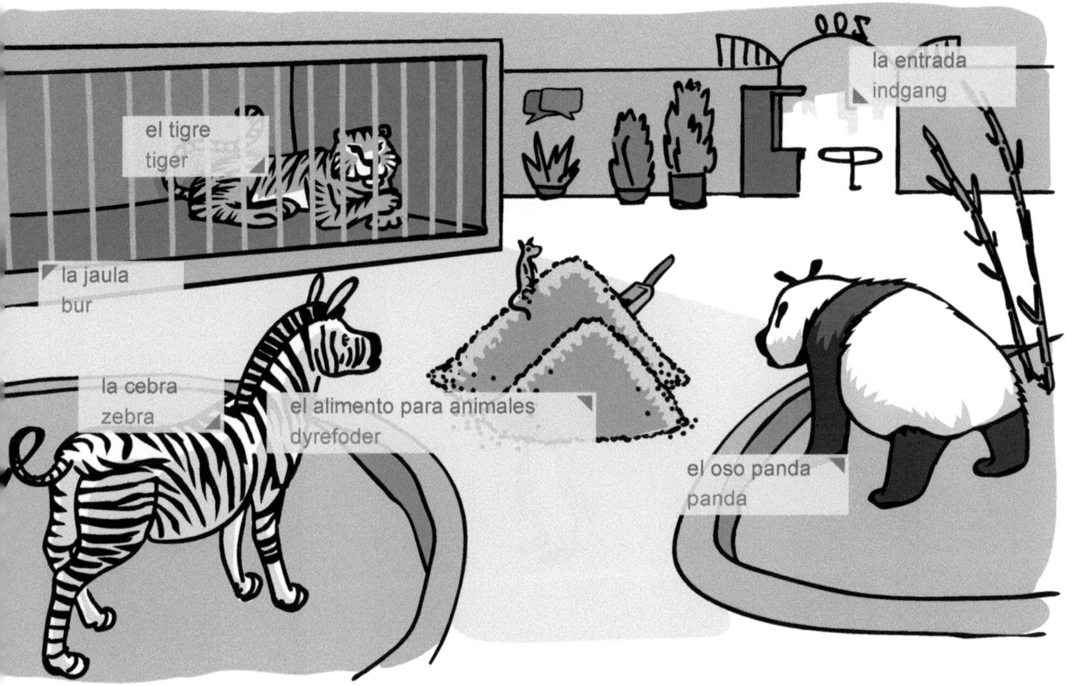
la entrada
indgang
el tigre
tiger
la jaula
bur
la cebra
zebra
el alimento para animales
dyrefoder
el oso panda
panda

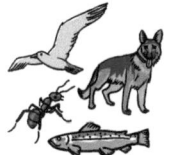

los animales

dyr

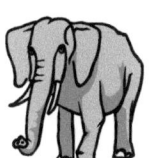

el elefante

elefant

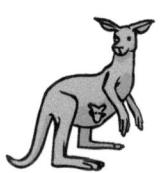

el canguro

kænguru

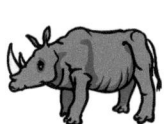

el rinoceronte

næsehorn

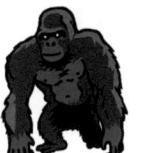

el gorila

gorilla

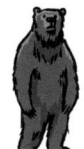

el oso

bjørn

el camello

kamel

el avestruz

struds

el león

løve

el mono

abe

el flamenco

flamingo

el loro

papegøje

el oso polar

isbjørn

el pingüino

pingvin

el tiburón

haj

el pavo real

påfugl

la serpiente

slange

el cocodrilo

krokodille

el cuidador del zoológico

dyrepasser

la foca

sæl

el jaguar

jaguar

el poni

pony

el leopardo

leopard

el hipopótamo

flodhest

la jirafa

giraf

el águila

ørn

el jabalí

vildsvin

el pescado

fisk

la tortuga

skildpadde

la morsa

hvalros

el zorro

ræv

la gacela

gazelle

el fútbol americano
amerikansk football

el ciclismo
cykling

el tenis
tennis

el básquet
basketball

la natación
svømning

el hockey sobre hielo
ishockey

el boxeo
boksning

el fútbol
fodbold

el bádminton
badminton

el atletismo
atletik

el handball
håndbold

el esquí
skiløb

el polo
polo

saltar
springe

reír
grine

abrazar
give et knus

caminar
gå

cantar
synge

soñar
drømme

rezar
bede

besar
kysse

escribir
skrive

dibujar
tegne

mostrar
vise

presionar
skubbe

dar
give

tomar
tage

tener
have

hacer
gøre

ser
være

estar parado
stå

correr
løbe

tirar
trække

tirar
kaste

caer
falde

estar acostado
ligge

esperar
vente

llevar
bære

estar sentado
sidde

vestirse
tage på

dormir
sove

despertar
vågne

mirar

se på

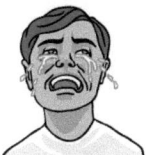

llorar

græde

acariciar

ae

peinar

kæmme

hablar

tale

entender

forstå

preguntar

spørge

escuchar

høre

beber

drikke

comer

spise

ordenar

rydde op

amar

elske

cocinar

koge

manejar

køre

volar

flyve

las actividades - aktiviteter

navegar

sejle

calcular

regne

leer

læse

aprender

lære

trabajar

arbejde

casarse

gifte sig med

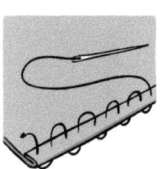

coser

sy

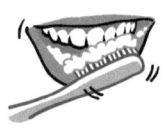

cepillarse los dientes

børste tænder

matar

dræbe

fumar

ryge

enviar

sende

la familia
familie

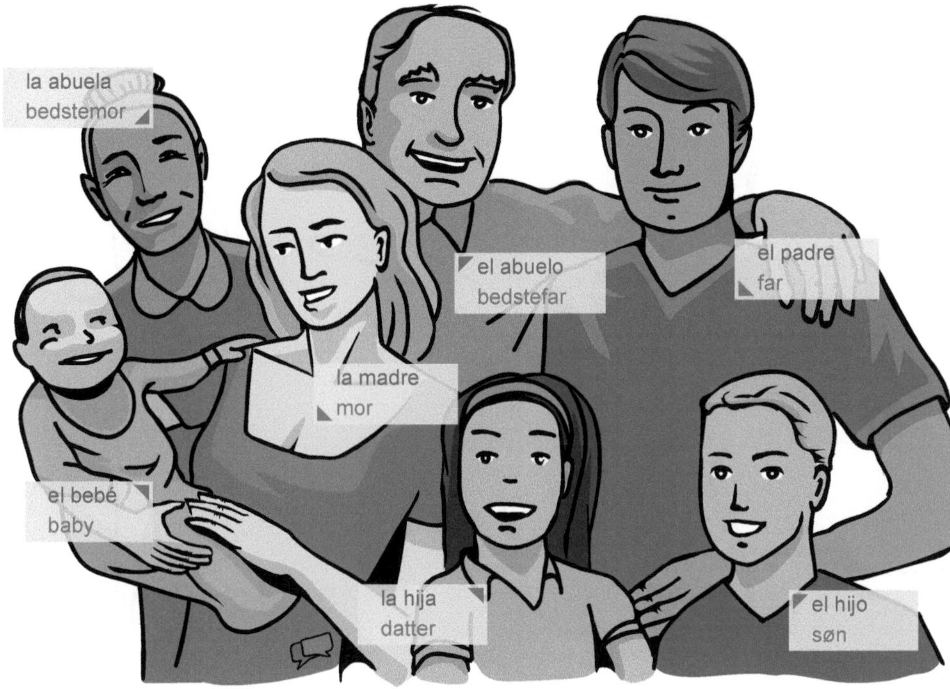

la abuela
bedstemor
el abuelo
bedstefar
el padre
far
la madre
mor
el bebé
baby
la hija
datter
el hijo
søn

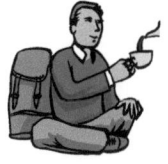

el invitado

gæst

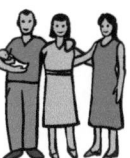

la tía

tante

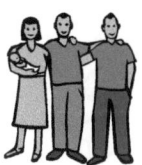

el tío

onkel

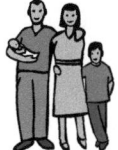

el hermano

bror

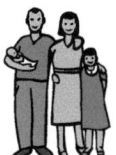

la hermana

søster

el cuerpo
krop

la frente
pande
el ojo
øje
el hombro
skulder
el dedo
finger
la cara
ansigt
la pera
hage
la mano
hånd
la pierna
ben
el pecho
bryst
el brazo
arm

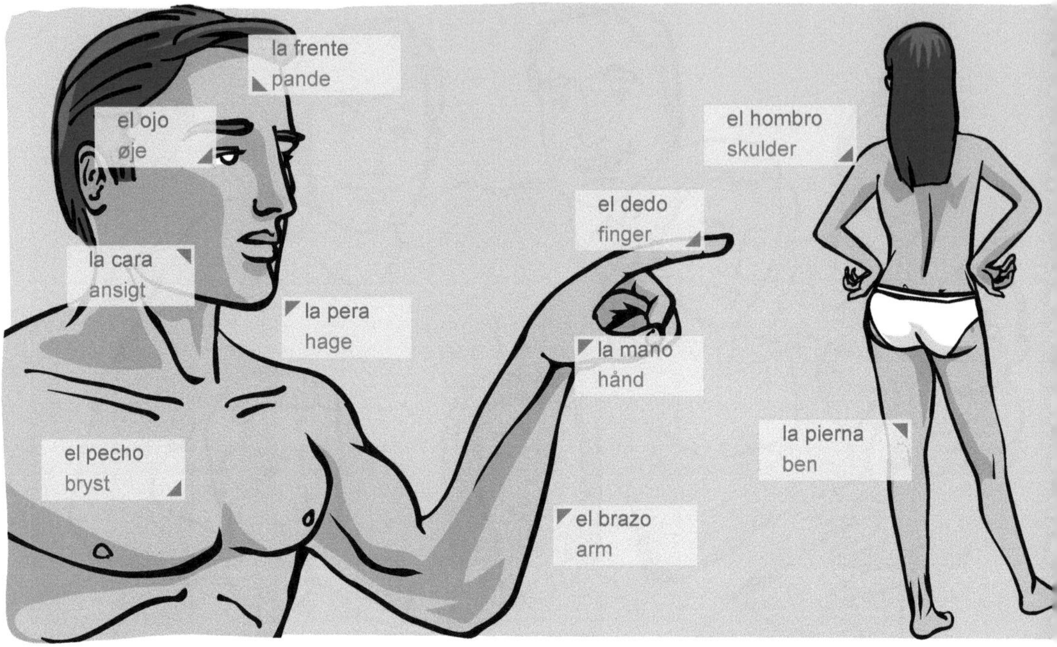

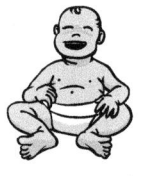

el bebé

baby

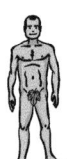

el hombre

mand

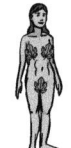

la mujer

kvinde

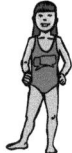

la nena

pige

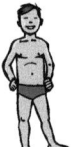

el nene

dreng

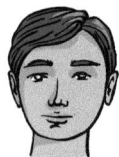

la cabeza

hoved

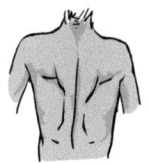

la espalda

ryg

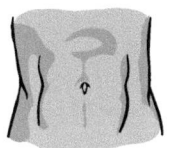

la panza

mave

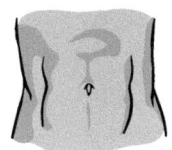

el ombligo

navle

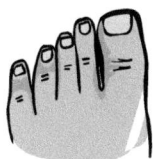

el dedo del pie

tå

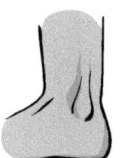

el talón

hæl

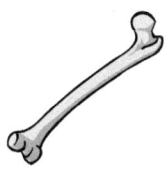

el hueso

knogle

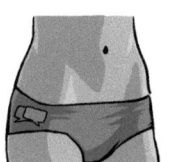

la cadera

hofte

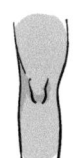

la rodilla

knæ

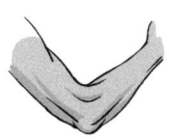

el codo

albue

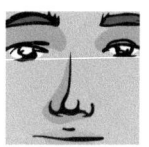

la nariz

næse

la cola

bagdel

la piel

hud

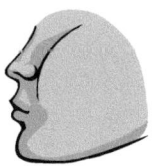

el cachete

kind

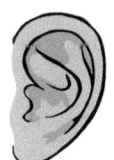

la oreja

øre

el labio

læbe

la boca

mund

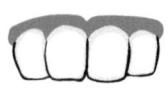

el diente

tand

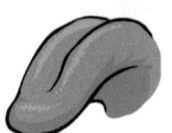

la lengua

tunge

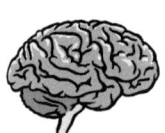

el cerebro

hjerne

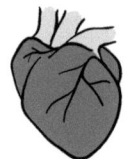

el corazón

hjerte

el músculo

muskel

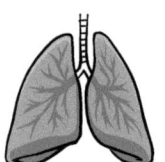

el pulmón

lunge

el hígado

lever

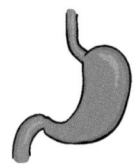

el estómago

mavesæk

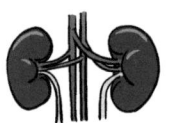

los riñones

nyrer

el sexo

sex

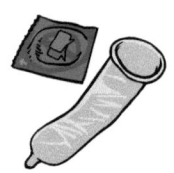

el preservativo

kondom

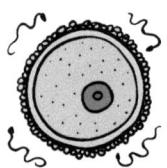

el óvulo

ægcelle

el semen

sperm

el embarazo

svangerskab

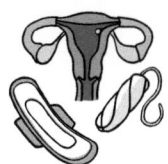

la menstruación

menstruation

la vagina

vagina

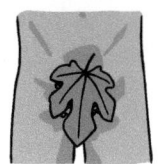

el pene

penis

la ceja

øjenbryn

el pelo

hår

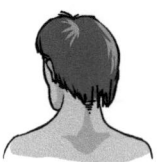

el cuello

hals

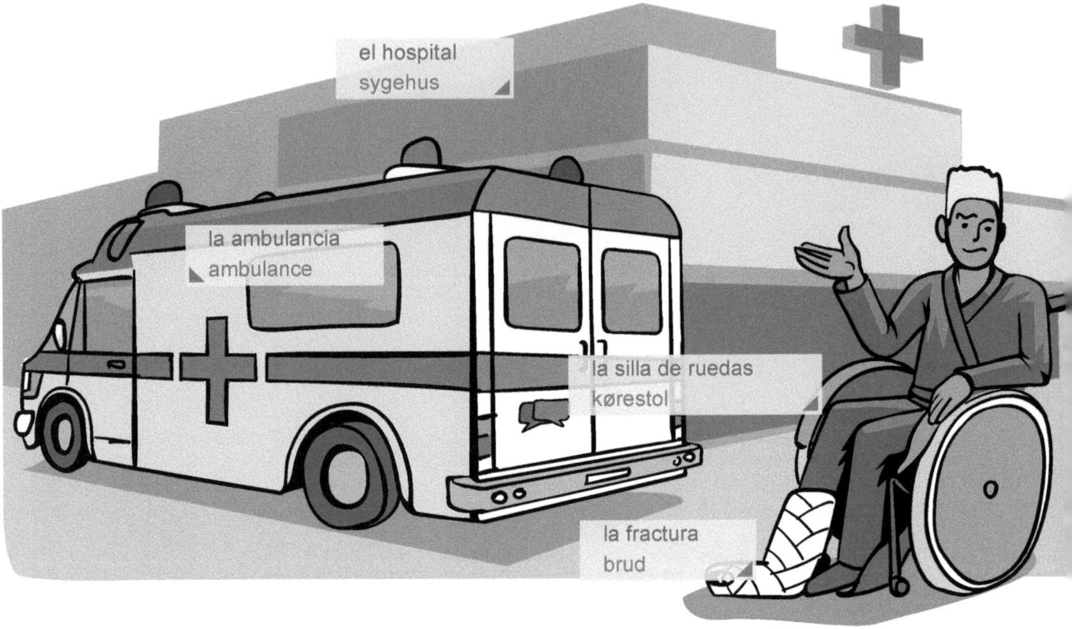

el hospital
sygehus

la ambulancia
ambulance

la silla de ruedas
kørestol

la fractura
brud

el médico

læge

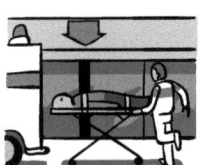

la sala de guardia

akutmodtagelse

la enfermera

sygeplejerske

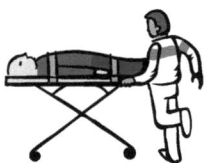

la emergencia

nødstilfælde

inconsciente

bevidstløs

el dolor

smerte

la lesión

skade

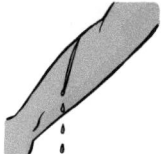

la hemorragia

blødning

el infarto

hjerteinfarkt

el ACV

slagtilfælde

la alergia

allergi

la tos

hoste

la fiebre

feber

la gripe

influenza

la diarrea

diarré

el dolor de cabeza

hovedpine

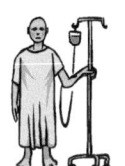

el cáncer

kræft

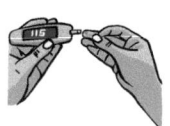

la diabetes

diabetes

el cirujano

kirurg

el bisturí

skalpel

la operación

operation

la TC

CT

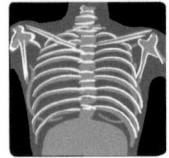

los rayos x

røntgen

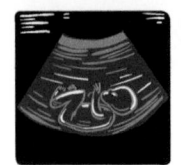

la ecografía

ultralyd

el barbijo

maske

la enfermedad

sygdom

la sala de espera

venteværelse

la muleta

krykke

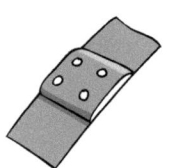

la curita

plaster

la venda

forbinding

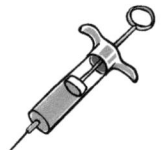

la inyección

injektion

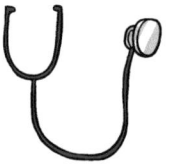

el estetoscopio

stetoskop

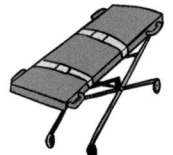

la camilla

båre

el termómetro

termometer

el nacimiento

fødsel

el sobrepeso

overvægt

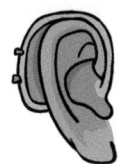

el audífono

høreapparat

el desinfectante

desinficerende middel

la infección

infektion

el virus

virus

el VIH / SIDA

HIV / AIDS

el remedio

medicin

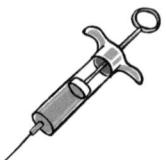

la vacunación

vaccination

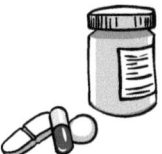

los comprimidos

tabletter

la pastilla anticonceptiva

pille

la llamada de emergencia

nødopkald

el tensiómetro

blodtryksmáler

enfermo / sano

syg / rask

¡Ayuda!

Hjælp!

la alarma

alarm

la agresión

overfald

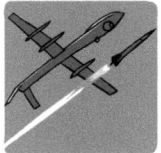

el ataque

angreb

el peligro

fare

la salida de emergencia

nødudgang

¡Fuego!

Det brænder!

el matafuego

ildslukker

el accidente

uheld

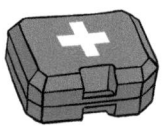

el botiquín de primeros
auxilios

førstehjælps-kuffert

el SOS

SOS

la policía

politi

Europa

Europa

América del Norte

Nordamerika

América del Sur

Sydamerika

África

Afrika

Asia

Asien

Australia

Australien

el Atlántico

Atlanterhavet

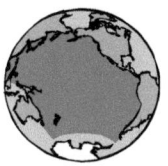

el Pacífico

Stillehavet

el Océano Índico

Indiske Ocean

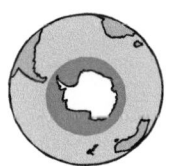

el Océano Antártico

Sydlige Ishav

el Océano Ártico

Ishav

el polo norte

Nordpol

el polo sur
Sydpol

la Antártida
Antarktis

la Tierra
Jorden

la tierra
land

el mar
hav

la isla
ø

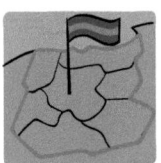

la nación
nation

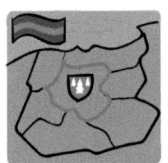

el estado
stat

la esfera

urskive

la manecilla de las horas

timeviser

el minutero

minutviser

el segundero

sekundviser

¿Qué hora es?

Hvad er klokken?

el día

dag

la hora

tid

ahora

nu

el reloj digital

digitalur

el minuto

minut

la hora

time

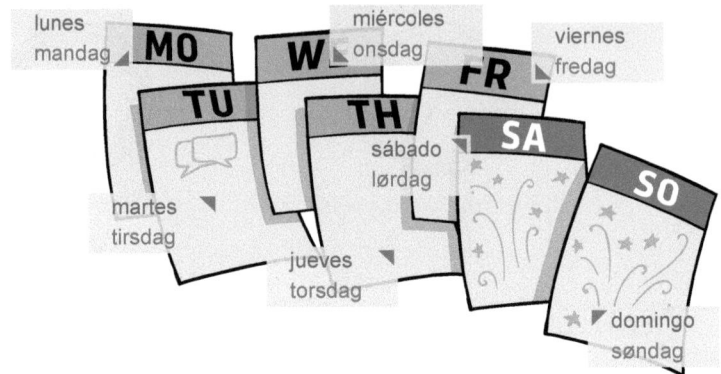

lunes
mandag

miércoles
onsdag

viernes
fredag

martes
tirsdag

jueves
torsdag

sábado
lørdag

domingo
søndag

ayer

i går

hoy

i dag

mañana

i morgen

la mañana

morgen

el mediodía

middag

la tarde

aften

MO	TU	WE	TH	FR	SA	SU
1	2	3	4	5	6	7
8	9	10	11	12	13	14
15	16	17	18	19	20	21
22	23	24	25	26	27	28
29	30	31	1	2	3	4

los días hábiles

arbejdsdage

MO	TU	WE	TH	FR	SA	SU
1	2	3	4	5	6	7
8	9	10	11	12	13	14
15	16	17	18	19	20	21
22	23	24	25	26	27	28
29	30	31	1	2	3	4

el fin de semana

weekend

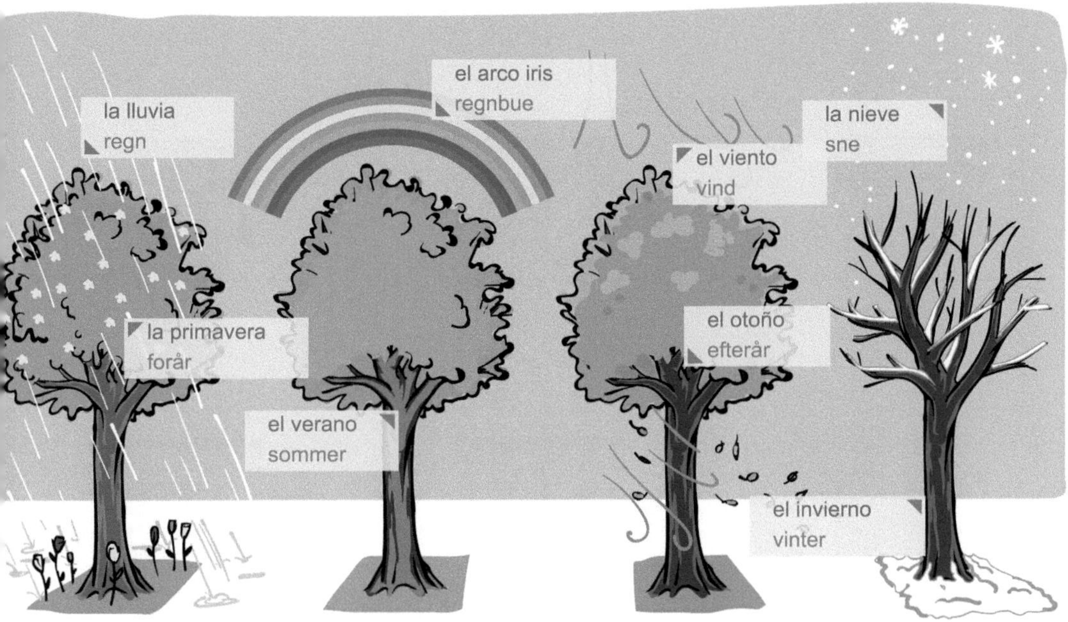

la lluvia
regn

el arco iris
regnbue

la nieve
sne

el viento
vind

la primavera
forår

el otoño
efterår

el verano
sommer

el invierno
vinter

4.APRIL	11°	☀
5.APRIL	4°	
6.APRIL	13°	
7.APRIL	8°	❄
8.APRIL	10°	☀

el pronóstico meteorológico

....

vejrudsigt

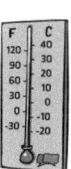

el termómetro

....

termometer

la luz del sol

....

solskin

la nube

....

sky

la niebla

....

tåge

la humedad

....

luftfugtighed

el año - år

81

el rayo

lyn

el trueno

torden

la tormenta

storm

el granizo

hagl

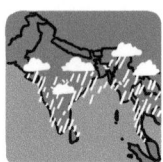

el monzón

monsun

la inundación

flod

el hielo

is

enero

januar

febrero

februar

marzo

marts

abril

april

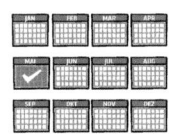

mayo

maj

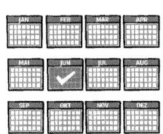

junio

juni

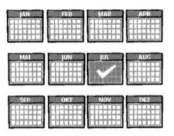

julio

juli

agosto

august

el año - år

septiembre

september

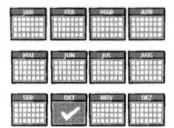

octubre

oktober

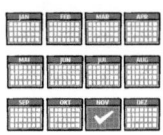

noviembre

november

diciembre

december

las formas
former

el círculo

cirkel

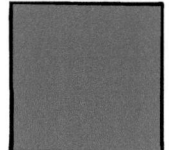

el cuadrado

kvadrat

el rectángulo

firkant

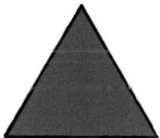

el triángulo

trekant

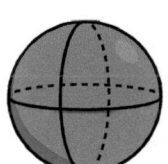

la esfera

kugle

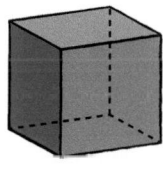

el cubo

terning

blanco

hvid

amarillo

gul

naranja

orange

rosa

pink

rojo

rød

violeta

lilla

azul

blå

verde

grøn

marrón

brun

gris

grå

negro

sort

mucho / poco

meget / lidt

enojado / tranquilo

rasende / fredelig

lindo / feo

smuk / grim

el principio / el fin

begyndelse / slut

grande / chico

stor / lille

claro / oscuro

lys / mørk

el hermano / la hermana

bror / søster

limpio / sucio

ren / snavset

completo / incompleto

fuldkommen / ufuldkommen

el día / la noche

dag / nat

muerto / vivo

død / levende

ancho / angosto

bred / smal

comestible / no comestible

spiselig / uspiselig

malo / amable

vred / venlig

entusiasmado / aburrido

ophidset / kedet

gordo / flaco

tyk / tynd

primero / último

først / sidst

el amigo / el enemigo

ven / fjende

lleno / vacío

fuld / tom

duro / blando

hård / blød

pesado / liviano

tung / let

el hambre / la sed

sult / tørst

enfermo / sano

syg / rask

ilegal / legal

illegal / legal

inteligente / estúpido

intelligent / dum

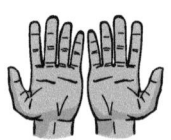

izquierda / derecha

venstre / højre

cerca / lejos

nær / fjern

nuevo / usado

ny / brugt

nada / algo

intet / noget

viejo / joven

gammel / ung

encendido / apagado

tændt / slukket

abierto / cerrado

åben / lukket

silencioso / ruidoso

stille / højt

rico / pobre

rig / fattig

correcto / incorrecto

rigtig / forkert

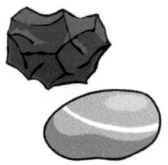

áspero / suave

ru / glat

triste / contento

ked af det / lykkelig

corto / largo

kort / lang

lento / rápido

langsom / hurtig

mojado / seco

våd / tør

caliente / frío

varm / kold

guerra / paz

krig / fred

0

cero

nul

1

uno

en

2

dos

to

3

tres

tre

4

cuatro

fire

5

cinco

fem

6

seis

seks

7

siete

syv

8

ocho

otte

9

nueve

ni

10

diez

ti

11

once

elleve

12
doce

tolv

13
trece

tretten

14
catorce

fjorten

15
quince

femten

16
dieciséis

seksten

17
diecisiete

sytten

18
dieciocho

atten

19
diecinueve

nitten

20
veinte

tyve

100
cien

hundrede

1.000
mil

tusinde

1.000.000
el millón

million

el inglés

engelsk

el inglés americano

amerikansk engelsk

el chino mandarín

kinesisk mandarin

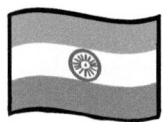

el hindi

hindi

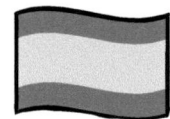

el español

spansk

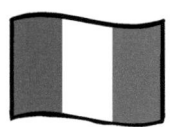

el francés

fransk

el árabe

arabisk

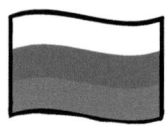

el ruso

russisk

el portugués

portugisisk

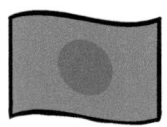

el bengalí

bengalsk

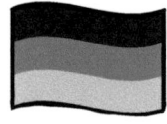

el alemán

tysk

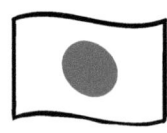

el japonés

japansk

yo

jeg

vos

du

él / ella

han / hun / den / det

nosotros

vi

ustedes

I

ellos

de

¿quién?

hvem?

¿qué?

hvad?

¿cómo?

hvordan?

¿dónde?

hvor?

¿cuándo?

hvornár?

el nombre

navn

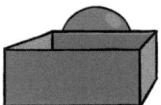

detrás

bag

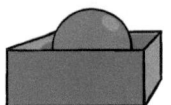

en

i

adelante de

foran

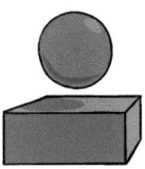

por encima de

over

sobre

på

debajo de

under

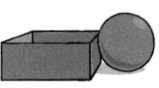

al lado de

ved siden af

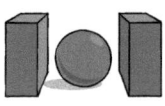

entre

imellem

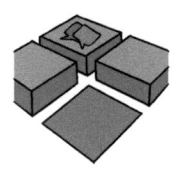

el lugar

sted